DISCOURS

PRONONCÉ PAR

M. GEORGES CLEMENCEAU

PRÉSIDENT DU CONSEIL, MINISTRE DE LA GUERRE

A STRASBOURG

Le 4 Novembre 1919

Réuni dans ses comices, le Peuple Français va parler. Des Pyrénées au Rhin, les Comités se forment, les réunions s'organisent, les programmes s'élaborent, les citoyens se concertent pour la grande consultation électorale qui va décider de la politique française, à l'entrée dans la Paix du monde civilisé.

Quelques-uns ont paru croire que cette consultation, jugée hâtive après six ans de législature, pourrait présenter on ne sait quels dangers de surprise. Vraiment, les cinq années tragiques dont nous venons de franchir les sanglants défilés, paraissent une assez longue préparation d'esprit et de caractère aux décisions nouvelles qui doivent fixer pour nous l'avenir.

La France, la libre France de notre Démocratie républicaine, veut grandir et se développer selon les hautes données de son Histoire. Cela suffit. Il lui appartient, en cette heure, d'assurer, par le choix de ses Représentants, l'obéissance à ses volontés.

LE DROIT DE LA FRANCE A LA VIE

Messieurs, ce n'est pas un candidat qui se présente devant vous. C'est le Chef du Gouvernement qui a eu pour tâche de poursuivre la guerre jusqu'à la Victoire et de conclure la Paix. C'est un

homme public à qui furent remises, en des heures
de sang, les responsabilités suprêmes, et qui voudrait, pour dernier effort, tenter d'éclairer le che-
min. C'est un Français, soucieux de maintenir la
France dans la noble et féconde vertu de son rôle
historique, auquel l'Alsace-Lorraine fut et demeure glorieusement associée. C'est le dernier
survivant des signataires de la protestation de
Bordeaux. C'est un fils de la grande Révolution de
Délivrance, dont Rouget de l'Isle, à Strasbourg,
lança par-delà le Rhin le retentissant défi. C'est le
fils de ceux qui suivirent votre Kléber à la con-
quête d'un monde nouveau, où allait se réaliser
l'ordre de justice pour tous par la liberté de
chacun.

A travers des vicissitudes sans nombre, dans
le plus grand éclat de nos élans de pensées et d'action, aussi bien que dans les sombres jours où
notre terre béante frémissait et criait sous les pas
de l'ennemi, ceux du front de bataille, avec ceux
de l'atelier, avec ceux du sillon, nous ont fait la
plus belle patrie, que nous voulons léguer intacte
et rayonnante aux générations issues de notre
sang.

Et c'est ce droit élémentaire qui, hier encore,
nous fut sauvagement contesté. Pour « se mettre
au-dessus de tout », comme il dit, un peuple en
délire de domination meurtrière entreprit de
faire passer sous le rouleau d'écrasement nos ci-
tés florissantes, nos laborieuses campagnes, tandis qu'après des fusillades en tas, des troupeaux
de femmes et d'enfants, se voyaient traînés à
l'horreur de la pire servitude avec un couronne-
ment d'indicibles atrocités.

LE MILITARISME PRUSSIEN ABATTU

Chargé de crimes sans nom, le militarisme prussien, maître de l'Allemagne, s'est vu frappé à mort par une destinée vengeresse, au moment même où il croyait pouvoir consommer, par un suprême attentat, l'asservissement des peuples de civilisation.

Depuis un demi-siècle, les yeux fixés sur la France, trouée au cœur par le déchirement de l'Alsace-Lorraine, les peuples délibéraient encore sur la question de savoir si ce crime apaiserait la rage du monstre dévorateur, quand Guillaume de Hohenzollern, sans plus attendre, jeta le poids du glaive dans la balance; et, peuples et Gouvernements, mis en demeure de choisir, firent leur choix bravement.

Sans compter l'ennemi, sans savoir ce que la fortune pouvait leur préparer de chances, avec ou sans l'appoint d'alliés en devenir, nos hommes partirent dans l'orgueilleuse sérénité des sacrifices suprêmes. Ce qu'ils ont fait, toute la terre le sait !

L'ALSACIEN A LA TETE CARREE

L'œuvre de libération est enfin accomplie. L'Alsace-Lorraine, la France se sont retrouvées. Le Foyer National a reconquis ses joies. Tout cela, c'est déjà de l'Histoire, une Histoire qui continue, et dont le développement heureux est la cause, précisément, qui m'amène aujourd'hui devant vous. Car, si nos Députés, à cette heure, sont tout à leur reddition de comptes, si à côté d'un Parlement nouveau, de nouvelles Assem-

blées départementales et municipales vont être
directement constituées dans tout le pays, ne
convient-il pas qu'au jour où l'Alsace-Lorraine
fait sa grande rentrée dans tous les mouvements
de l'activité nationale, Strasbourg lance l'appel
aux puissances de vie françaises, en vue du re-
nouveau d'énergie qui nous est commandé? Avec
le droit reconquis de gérer ses propres affaires,
l'Alsace reprend le cours de sa collaboration historique, si précieuse pour nous par les qualités
éminentes qui lui sont universellement recon-
nues.

Hélas! nous ne sommes point sans fautes.
Quel plus pressant sujet de remarques pour cet
Alsacien à la tête carrée, ménager de ses paroles,
mais critique attentif, dont le regard de bienveil-
lante ironie s'enfonce en vrille aux plus secrets
replis de l'interlocuteur! Jadis il ne pouvait
guère nous juger sans se juger lui-même; tandis
que le présent point de vue pourrait quelquefois
l'incliner à de fraternels avis.

C'est pourquoi lorsqu'il me fut rappelé que,
selon la coutume, le Chef du Gouvernement doit,
en période électorale, soumettre au pays les pensées que lui suggère l'heure, un instinctif mouvement, auquel votre Commissaire général ne fut
pas étranger, m'entraîna vers Strasbourg, à qui
toute la France reconnaîtra que nous devons cet
hommage. Venant chez vous, semble-t-il, ma
voix sera mieux entendue.

« TRAVAILLONS »

Et me voici revenu à la miraculeuse tour go-
thique d'où s'élance la flèche ailée qui va scruter

dans les hauteurs le secret des destinées. En
vérité, le secret de ce jour est celui de tout le
Monde. Les instruments de Paix nous sont re-
mis: qu'allons-nous en faire? Une Histoire finit,
une Histoire commence. Quel mot d'ordre? Quel
exemple à nos Fils, et d'abord quels devoirs?

Immense est l'œuvre et d'autant plus redou-
table que l'impatience des Démocraties, trop
longtemps comprimée, demande des réalisations
qui, pourtant, ne seront durables qu'à la condition de n'être pas précipitées.

Qu'importe ! si l'homme s'attardait toujours
à mesurer ses forces aux implacables données
des problèmes que le sort lui impose, il ne lui
resterait trop souvent de refuge que dans les
renoncements du fatalisme oriental.

L'âpre Occident veut des peuples d'action, des
hommes d'obstiné labeur, contents de vouloir
et de faire, sans craintes, sans défaillances, à
l'exemple du soldat dans la bataille, qui n'ac-
cepte point de défaite tant qu'il reste quelque
chose de lui-même à donner.

A l'énigme du Sphinx, il n'est qu'une réponse
de toujours : celle de l'Empereur philosophe :
« Travaillons ».

LE TRAITE DE PAIX

Quel cadre d'organisation européenne, on peut
dire mondiale, apporte le Traité de Paix au
labeur des peuples civilisés ? C'est le premier
point que je ne puis me soustraire au devoir
d'examiner sommairement avec vous.

Non sans doute qu'il soit nécessaire de défen-

dre, à Strasboûrg, le Traité qui brise l'armature
du militarisme prussien et délivre l'Alsace-Lorraine. Mais cet instrument diplomatique sans
équivalent dans l'Histoire a, sur des articles pres-
tigieusement abstraits de l'ensemble, subi les
assauts d'une si furieuse critique, que je ne puis
me résoudre à la traiter ici par prétérition.

Les Chefs de Gouvernement des premières
Nations du Monde se sont réunis à Paris, avec
un important cortège de techniciens dans tous
les domaines, pour refaire la carte d'Europe au
nom du droit des peuples à disposer d'eux-
mêmes. Une assez nouvelle entreprise!

Libérées d'un joug séculaire, de vaillantes
Nations, cruellement opprimées, sont rentrées
tête haute dans la noblesse de l'Histoire. La plu-
part s'étaient vues traîner au combat contre
nous. Avec la restitution de leurs territoires,
nous avons voulu leur apporter une équitable
répartition des moyens de pourvoir aux besoins
de leur vie nationale, et rien ne fut épargné dans
le règlement des frontières pour écarter toutes
chances apparentes de conflits.

Ce n'était pas assez. On voulut établir une Paix
de justice permanente sous les auspices d'une
Société des Nations chargée de maintenir et de
développer toutes les garanties de l'ordre nouveau. Les vieux crimes de la politique de con-
quête se trouveraient ainsi réparés dans la mesure du possible. La Pologne renaît. La Bohê-
me surgit à de nouvelles destinées, reprenant
le cours d'une Histoire qui nous montre son
vieux Roi aveugle combattant et se faisant tuer
dans nos rangs à la bataille de Crécy. Les Slaves

du Sud, combattants magnifiques, s'organisent en une Nation puissante qui n'oubliera pas ses amis. Il n'est pas jusqu'au Danemark lui-même qui, pour don de justice, ne se voit retourner, sans l'avoir regagné par la guerre, des terres volées par l'Allemand.

Les plus difficiles problèmes de la vie international, toujours ajournés faute d'un choix possible entre des appétits permanents d'aveugle domination, ont été abordés dans un esprit de justice et de conciliation supérieures, dont aucun temps n'avait pu même imaginer l'aventure.

Que dis-je? La recherche du droit fut poussée jusqu'à la protection des minorités de race et de religion, trop longtemps victimes, dans le passé, de l'intolérance meurtrière. Et pour tout achever, nous voilà organisant une législation universelle de travail par le moyen de conférences internationales — aide puissante pour garantir la Paix Civile du Monde.

Le moins qu'on puisse dire c'est que nous aurons tenté. On voudra bien peut-être ajouter que nous n'aurons pas été gâtés par l'excès des encouragements.

Le grand service que nous rendirent des critiques sans ménagements ni relâche, fut de nous mieux éclairer nous-mêmes sur la grandeur d'une œuvre qui, je n'ai pas craint de l'affirmer, sera dans l'Histoire du Genre humain une date honorée.

Il est vrai. Ceux qui ont accompli cette œuvre ne sont que de simples exemplaires de faillibilité et je ne crois pas qu'aucun d'eux se soit fait illusion sur les faiblesses de certaines parties d'une construction fatalement hâtive.

Telle quelle, elle ouvre d'assez larges avenues vers les installations d'une justice meilleure au crédit des hommes de bonne volonté

Il faut le reconnaître sans récriminer, les réparations, qui nous étaient dues pour l'affreuse dévastation des dix départements les plus riches de France, nous ont été trop parcimonieusement mesurées. Les conversations sur ce point ne furent jamais abandonnées, et douter de leur succès final serait faire injure à nos Alliés. L'aide du sang nous fut magnifiquement donnée : on ne comprendrait pas le refus du concours financier à la Nation qui a le plus souffert et qu'on a publiquement reconnue comme la sentinelle avancée de la civilisation.

A travers les débats les plus complexes, le trait le plus significatif, c'est que le Pays lui-même, au nom de qui certains avaient la prétention de parler, garda sans efforts la pleine liberté de son jugement suprême et, malgré tant d'appels au doute pernicieux, fit preuve d'une imperturbable confiance en ses propres ressources de volonté — une assez belle leçon !

Refuser de voter le Traité, ou le voter après avoir tout fait pour le discréditer, procède, semble-t-il, d'une étonnante incompréhension des hautes qualités de notre race et des magnifiques mouvements de décisions supérieures dont nous venons de fournir un exemple assez décisif.

N'a-t-on pas osé se plaindre que nous soyons « réduits à une politique de vigilance » ? Comme s'il en devait jamais être autrement ! Comme si l'homme devait attendre quelque décret d'en Haut, qui lui apportât, pour bienfait singulier, licence de se désintéresser de ses-propres affaires, en abandonnant au hasard le soin de sa préservation! Rien ne se fait sans le courage, rien ne se fait sans le temps. Encore faut-il se montrer capable de les mettre en œuvre.

Je n'ai rien dit de l'Allemagne. Nos sûretés prises, nous saurons attendre, dans le ferme exercice de nos droits, qu'elle se convertisse aux sentiments de civilisation.

LA RÉPUBLIQUE ET SES LOIS

Cadre international, ou cadre de vie nationale, n'est-ce pas une même construction de droit qui, dans tous les domaines, s'impose partout comme règle de nos activités? Quelle que soit leur dénomination, les Gouvernements se trouvent désormais dans la main des peuples. L'avènement de la Démocratie, avec toutes ses conséquences politiques et sociales, a, dès à présent, la valeur du fait accompli.

Après avoir préservé l'Honneur en 1871, la République sauvant, avec nos vaillants Alliés, la civilisation elle-même, a superbement refait l'intégrité de la Patrie. Le régime est désormais au-dessus de toute atteinte. Nous avons vu le Gouvernement représentatif suffire à des tâches qui paraissaient dépasser la mesure des forces humaines. Pendant quatre ans et plus, au pire des suprêmes périls, les libertés politiques ont été sauvegardées sous le contrôle du Parlement, dans le plein de l'action gouvernementale au grand jour. Enfin, l'évolution de Justice sociale, enrichie des stipulations du Traité de Paix, poursuit laborieusement ses voies dans tous les pays qui veulent une vie de Justice, mais ne conçoivent pas la vie sans la liberté.

LES LOIS DE LAICITE

Cependant, la disparition des anciens partis aura pour premier effet de dégager d'alliances pesantes ceux de nos concitoyens qui tiennent justement à garder intact le libre exercice de leurs croyances, — l'une des premières manifestations de la liberté de penser.

Les lois de laïcisation doivent être intégralement maintenues. On nous dit aujourd'hui, dans le camp de ceux qui les ont combattues, — et c'est l'un des grands événements de ce débat électoral, que « la laïcité de l'Etat doit se concilier avec les droits et les libertés des Citoyens, à quelques croyances qu'ils appartiennent, et qu'à ce prix seulement la Paix religieuse sera enfin assurée ». Comment n'en serions-nous pas d'accord, puisque c'est le principe même du régime républicain?

Sans la liberté de conscience, la République ne serait qu'un mensonge, et, s'il était nécessaire, je montrerais au prix de quels combats nous l'avons défendue dans les persécutions et sauvée. Qui de nous voudrait l'abandonner dans la Victoire?

Le malheur est que la politique et la religion se efforts de retour aux régimes du passé. Les déclasont trop souvent confondues dans les violents rations qui nous viennent aujourd'hui des défenseurs attitrés de l'Eglise nous permettent enfin d'espérer, comme on nous l'annonce, que la Paix

religieuse pourra être assurée dès que les légitimes revendications de libertés confessionnelles ne
s'embarrasseront plus du poids mort des anciens
partis.

J'y verrais, pour ma part, l'une des plus belles
victoires de la République, et le jour où les faits
prouveraient qu'il n'y a plus d'arrière-pensées,
nul ne pourrait commettre la faute de rompre
l'admirable union du temps de guerre, pour réveiller d'anciennes querelles qui, dans l'ordre
nouveau de notre Paix, ne doivent plus avoir de
raison d'être. Au-dessus même des droits stricts
de la liberté légale, il y a les larges horizons de
l'universelle tolérance où les esprits peuvent se
donner carrière, sans cesser de se comprendre et
de s'aimer.

L'UNION DES FRANÇAIS

Rien ne me serait si cruel, en effet, que d'ou-
blier ce qui fait la Gloire de la France, trop longtemps divisée: le commun élan de tous les Français, sans distinction de croyances ou de partis,
vers les champs de bataille où se décidait le sort
de la Patrie.

L'idée d'une Union Française, qui ne vaudrait
que pendant la guerre, pour céder la place aux
dissensions d'autrefois aussitôt la paix rétablie,
me paraît d'un trop clair contre-sens. Sans un
fond commun d'union, comment une Nation au-
rait-elle pu se fonder, se maintenir, comment
pourrait-elle vivre? Que le faisceau se relâche, et
les assauts du dedans, joints à ceux du dehors,

auront tôt fait de mettre en péril la sécurité, puis l'existence même du commun foyer de vie.

Toujours assez de causes pousseront les hommes les plus proches d'esprit, non seulement à se diviser, mais à pousser de naturelles-différences au-delà de ce que l'intérêt général doit commander. Si les croyances n'y suffisaient pas, la lutte des partis nous fournirait d'assez graves motifs de désaccord. Et pourtant les partis ont leur cause honorable au plus profond de nous-mêmes. Jusqu'à nouvel ordre, ils sont la condition même de l'action publique dans les collèges électoraux. comme dans le Parlement. Mais ils n'aboutiraient qu'à la dissolution du Corps national s'ils n'étaient, d'un consentement commun, dominés par la conscience générale d'une nécessité supérieure d'union.

MAJORITE DE GOUVERNEMENT

Vous ne me croiriez pas si je disais que notre organisation parlementaire est au-dessus de la critique. Beaucoup soutiennent que le chiffre de la représentation nationale pourrait être avantageusement réduit. Il est permis de croire aussi que l'abus de la parole est un mal par lequel un temps précieux se gaspille, pour aboutir à détourner les esprits de l'action. Peut-être encore pourrait-on suggérer que le pouvoir parlementaire de contrôle ne doit en aucun cas se mettre dans la dépendance de l'exécutif, comme y conduit chaque jour un pernicieux système de recommandations qui désintègre la puissance gouvernementale ou même parfois l'abolit.

Cette funeste confusion, qui porte un si grand dommage à la bonne conduite des affaires, ne pourra cesser que par une réforme profonde de notre psychologie dans un régime de décentralisation correspondant aux vœux comme aux besoins du pays.

Au moment où je parle, tout le problème soumis à la sagacité des électeurs, ainsi que la bonne foi de ceux qui aspirent à les représenter, est dans la formation d'une majorité cohérente, capable de maintenir les bénéfices, acquis dans tous les domaines par cinquante années de vie républicaine, en s'appliquant à les développer dans les méthodes d'une volonté continue. Maintenir pour développer, c'est tout le secret de la politique. Jadis la tâche du Monarque, au hasard des Conseillers. Aujourd'hui l'affaire des majorités. Rien ne presse davantage que la constitution primordiale d'une majorité de Gouvernement, sur des formules d'action clairement définies.

Cela ne se peut obtenir que par la vertu d'une invincible fermeté de caractère, beaucoup plus rare chez nos hommes publics, il faut bien le dire, que l'éclat des intelligences. Pour l'action où d'éternels obstacles ne cessent de s'accumuler, avec toutes les tentations de faiblesses, il n'est que le recours à l'implacable force de la volonté. Tous ceux qui ont passé aux affaires savent quels maux ont déchaînés sur nous les défaillances d'esprits irrésolus qu'affola trop souvent, au bord des décisions, la crainte des responsabilités. L'heure passe, le mal qui pouvait être conjuré reçoit une puissance nouvelle de ceux dont le devoir était de le juguler.

UN PROGRAMME ? COMMENCER !

Au milieu de tant de problèmes qu'il est plus aisé de signaler que de résoudre, le premier besoin, semble-t-il, serait d'une nomenclature de réformes, par ordre d'urgence, — un programme public, susceptible d'obtenir l'assentiment et le concours actif des électeurs. Je n'ai pas plus tôt prononcé ce mot que j'entends des voix s'écrier « ce programme, quel est-il? » Et chacun d'apporter ses idées, ses textes, ses doctrines, ses raisons, ses moyens, et de discuter savamment sur toutes questions concevables, et même de quelques autres. Imaginez un instant l'énorme dossier de toutes les propositions, plus ou moins heureusement agencées, qui s'étalent aux murailles, et dites ce que peut faire l'homme infortuné, dont la charge serait d'en dégager les parties de réalisation prochaine, en les ordonnant selon les convenances du jour ou la nécessité.

Par où commencer dans un pays où tout semble à refaire, non à cause des institutions défaillantes, mais parce que les maîtresses formules, les règles de Gouvernement et d'Administration sont viciées, moins dans leurs principes, que par un laisser-aller général d'irrésolution coutumière. Ainsi nous nous trouvons trop souvent confinés dans une politique d'à peu près, où chacun se console du mécompte des actes en instance d'ajournement, par de faciles visions de mirage où l'idéalisme en espérance prend figure de réalité.

Rien de plus aisé que d'aligner une liste de réformes dont quelques-unes sont depuis trop longtemps attendues. Comment y procéder ?

Comment en faire sortir une action efficace, lorsque toutes les voies de l'activité parlementaire
sont inutilement encombrées de paperasses, de
rapports interminables, de colonnes de discours,
où chacun parle l'acte attendu, au lieu de le
réaliser?

Que de fois j'ai vu des Ministres essayer de
se passer du concours parlementaire qui n'était
pas douteux, simplement pour ne pas s'enliser
dans la longueur des procédures, tandis que, en
fin de session, un torrent vertigineux de votes
silencieux emporte, par nécessité, d'innombrables projets, qui paraissaient voués à l'éternel
sommeil!

Que faudrait-il pour changer tout cela? Rien
que la réforme, non de la législation, mais du
législateur lui-même : la resolution d'agir.

Parlerai-je de notre Constitution qui fut tout
justement disposée pour d'autres résultats que
ceux qu'elle a donnés? Je la crois médiocre. Elle
n'en a pas moins le mérite capital de se trouver
là, et de nous avoir portés des extrèmes périls
au succès triomphal dont il s'agit de savoir si
nous pourrons faire la glorieuse entrée du peuple Français dans une vie de Justice heureuse
pour tous les peuples capables de se gouverner.

Pratiquée avec ménagement, notre loi constitutionnelle peut encore servir, tandis que je ne
verrais pas sans crainte pour début des prochains travaux parlementaires, l'amorce des développements oratoires sur toutes les constitutions
qui ont été ou pourraient être. Il se dépenserait
des mois sans nous faire rencontrer l'idéal, uniquement réservé peut-être à la Grande Bretagne,

qui peut inscrire à son compte une assez belle histoire, dont la pratique vivante s'accommode très bien de l'absence d'une Constitution. Ce qui veut dire, sans doute, que la conscience inébranlable du droit, en l'âme rigide de chacun, suffit à l'armature intérieure où viennent se rattacher tous les éléments du Corps politique subsistant des réalités de l'action beaucoup plus que des théories.

Je vois des candidats qui réclament un renforcement du pouvoir exécutif. Ayant vécu ce grave problème des deux côtés de la barricade, si j'ose dire ainsi, je ne saurais me résoudre à les suivre. Le régime américain, où l'autorité centrale est contenue par une fédération d'Etats indépendants, sur lesquels aucune entreprise d'usurpation ne pourrait même être tentée, ne peut être invoqué ici qu'à contre-sens.

La vérité très simple — celle précisément qu'on se donne tant de peines pour ne point voir — est que le mal du pouvoir exécutif est moins d'une insuffisance de ses moyens d'action que d'une trop fréquente carance des caractères à la hauteur des responsabilités. C'est le fond du débat où, quoi qu'on puisse dire et faire, toute critique se ramène.

Aussi, lorsqu'on me demande dans quel ordre aborder un programme de Gouvernement dont les principales données sont de commune énumération, je ne cesse de répondre : « vous êtes à pied d'œuvre, la première et capitale affaire est d'avoir le courage de commencer ».

LA REFORME ELECTORALE

Depuis quelques années, il s'est livré de grands combats pour ou contre la nécessité d'une réforme électorale, en vue d'obtenir par un jeu de chiffres savamment disposés une réponse du Suffrage universel qui ne soit plus celle de l'antique et vulgaire majorité. On nous a sérieusement dit que le salut de la France était là.

Cependant, je vois chaque jour d'envahissantes minorités révolutionnaires empiéter sur la majorité pour accroître la confusion des Pouvoirs, quand la bonne utilisation de l'activité parlementaire réclamerait simplement, comme je l'ai dit tout à l'heure, la constitution d'une majorité irréductible sous un Chef capable de dire ce qu'il veut et de vouloir ce qu'il dit. Qui ne voit combien le mal s'est aggravé dans ces dernières années?

Etait-ce donc l'heure de fabriquer, dans une incohérence de votes comme il ne s'en vit jamais, un système électoral dont le but avoué est de réduire la majorité au profit de minorités dont quelques-unes sont de perturbation achevée?

Le temps paraît venu de réagir. Après tant de révolutions, lorsque la Monarchie elle-même, là où elle s'est maintenue, n'a plus qu'une fonction de décor, je ne vois de source d'autorité que dans une majorité résolue de Gouvernement. Si ce que nous en avons devait se déliter sous l'action destructrice de nos minorités révolutionnaires, l'émotion même de la secousse nous serait épargnée. La « Révolution » se trouverait faite en dehors de son appareil ordinaire et n'en serait pas meilleure, n'ayant pas besoin de détruire des Pouvoirs qui se seraient eux-mêmes anéantis. Nous n'aurions plus devant nous que des puissances désorbitées qui s'en iraient tout droit aux dictatures de l'Anarchie, comme l'exemple nous en vient de nos ex-alliés de Moscou.

Il ne convient pas d'exagérer ces craintes, mais c'est dès le début du mal que la prudence commande de le signaler.

LIBERTE PROVINCIALE

A voir les choses comme elles sont, la véritable réforme est moins dans l'art de compter autrement les voix des électeurs, avec la chance de leur imputer ce qu'ils n'ont pas voulu dire, que dans l'organisation du régime de liberté régionale, où nos provinces reviendraient à la vie d'une expansion d'indépendance, après l'étouffement final décrété par Napoléon.

Nos régimes de toutes dénominations ne se sont que trop bien accommodés d'un état de choses qui facilitait l'obéissance universelle, en remplaçant les initiatives fécondes par les routines de la Bureaucratie. La vie provinciale, dépouillée de toutes ses attributions légitimes, le Député s'est vu, en dépit de lui-même, transformé en éternel solliciteur, auprès de la Providence terrestre de Paris. D'où le renversement des rôles au détriment des libertés publiques et des conditions mêmes d'un bon Gouvernement.

La réforme que je suggère serait donc au profit du Gouvernement, de l'Administration et du Parlement lui-même. Les Chambres s'allégeraient du travail revenant aux Assemblées locales. Du même coup l'Administration pourrait se délester du pullulement de fonctionnaires mal payés, et trop souvent disposés à ne pas fonctionner du tout, qui prive le pays de précieuses forces de production. Débarrassés des obstacles d'une « organisation » particulièrement propre à tout empêcher, les Français, qui, après tout, ont le droit de n'être pas de Paris, retrouveraient d'heureuses issues aux mouvements de la vie régionale, qui sont en tout pays la condition nécessaire de la liberté. Président du Conseil et Ministre de l'Intérieur il y a une douzaine d'années, je fis préparer, après une étude approfondie, une série de projets consacrés à la réforme que je recommande. Ils dorment en de beaux cartons administratifs. Puisse mon successeur avoir le courage de les réveiller !

En quelque voie que nous nous engagions à la poursuite des améliorations nécessaires, la réforme la mieux conçue sera de nul effet, tant que la machine politique ne s'accompagnera pas du moteur d'énergie première que l'homme qui doit la mouvoir est seul en état de fournir. Tout ingénieux que soient les cadres d'action politique, économique et sociale, sur lesquels nous épuisons nos facultés d'espérance, ils demeureront sans vertu de réformation véritable si le bon citoyen ne trouve en lui-même les ressources d'initiatives et de volonté propres à la mise en œuvre des organisations nouvelles, avec le devoir supplémentaire de léguer aux temps à venir des générations fortement préparées.

L'EGALISATION SOCIALE

L'achèvement de l'égalisation sociale, par l'accession finale au pouvoir des travailleurs de l'usine et de la terre, est le fait capital des temps modernes dans les pays civilisés. Les réalisations des idées de Justice sociale, avec leurs chances de succès et de revers, n'en sont qu'à leur commencement. Le libre Gouvernement des peuples par eux-mêmes ne permet à aucune Nation d'y échappèr.

Beaucoup trouveront peut-être que les débuts du régime nouveau ne vont pas sans à-coups. N'en fut-il pas de même aux transmissions de pouvoïr des anciennes oligarchies? La différence, c'est qu'il ne s'agit plus simplement d'une succession de puissances maîtresses. Une tentative d'organisation d'idéalisme appliqué est une toute autre affaire, — source de surprises, bonnes ou mauvaises, selon le degré de préparation et de bonne volonté générale, devant des problèmes infiniment complexes qui demandent, des occupants un stoïcisme de bonne humeur, et des nouveaux venus une haute vertu de modération.

Tant que les « novateurs », qui veulent changer les autres sans rien changer d'eux-mêmes, n'auront pas consenti à leur propre rénovation, ils ne pourront que retarder le progrès social en exposant le pays aux pires retours de réaction.

Il n'est pas de réforme, si nouvelle qu'elle soit, pour nous effrayer à condition qu'elle se fonde, dans l'ordre public, sur le respect du droit de chacun. En revanche, les manifestations de violence ne peuvent être et ne seront jamais tolérées par un Gouvernement digne de ce nom. Pourquoi le besoin de maintenir l'ordre serait il moindre dans une République que dans une Monarchie? Est-ce donc une nouveauté que l'ordre républicain? L'absolutisme du Souverain parut souvent à nos aïeux le suprême recours. Combien supérieure, mais plus laborieuse, cette sorte d'ordre public qui exige de chacun la maîtrise de soi pour le libre concours de tous au bien universel! Aujourd'hui, le peuple n'a d'autre souverain que lui-même. Il n'y a de loi que sa loi. Si le Gouvernement l'oublie, notre Constitution abonde en moyens de le faire rentrer dans le Devoir. Si des Citoyens méconnaissent l'intérêt suprême du maintien de la Paix publique, ils en subiront les conséquences, puisque le désordre ne peut être un principe de vie.

C'est pourquoi toute tentative de force faite au nom des travailleurs de l'atelier ne rencontrera pas moins d'obstacles que les excès de pouvoir des anciennes oligarchies, qui succombèrent pour avoir cru, comme aujourd'hui, certaines organisations ouvrières, que tout leur était permis. L'idée périlleuse de suspendre la vie nationale, pour obtenir qu'il soit fait droit à certaines revendications, est un de ces moyens extrêmes, qui ne peuvent donner des parties de succès durable que si l'on s'abstient de la conduire jusqu'au bout

Il faut comprendre qu'une société, menacée dans ses conditions d'existence les plus élémentaires, doit moins compter pour sa défense sur la force armée que sur elle-même, c'est-à-dire sur la spontanéité du concours volontaire des

hommes résolus à défendre leur droit, notamment le droit de tous aux services publics, si l'on
tenté de les en priver. On a vu récemment en
Grande-Bretagne ce que peut faire la libre organisation des citoyens dans l'exercice d'une légi-
time defense, — heureuse garantie contre l'exa-
gération des surenchères.

L'ouvrier a des droits, dont il veut, avec
grande raison, imposer le respect. Mais il doit,
à son tour, respecter les droits d'autrui. Le socia-
lisme n'a pas de sens, s'il n'est d'un idéalisme
ordonné. La Révolution française doit vraiment
aboutir à autre chose qu'à un déplacement d'ini-
quité.

Enfin, il n'y a pas que l'ouvrier de l'usine, il
y a l'ouvrier de la terre, le paysan, dur à lui-
même, qui, du lever au coucher du soleil, ne
compte pas ses heures et ne voudrait pas devenir le paria d'un monde industriel aux avantages duquel il n'est pas en état de participer.

C'est le paysan sur sa terre qui a fait jusqu'ici
le plus sûr fondement de la vitalité française. Il
sait que les conditions de travail dans les villes
sont tout autres qu'aux champs, et il comprend
très bien qu'une organisation appropriée du travail y soit nécessaire. Mais ce qu'il ne peut admettre, c'est l'appel systématique à la violence, à la
désorganisation du travail, au ralentissement de
la production, c'est l'entreprise avouée de tenir
systématiquement la Société sous la terreur du
lendemain. Le paysan a les mêmes droits que
l'ouvrier, il est du peuple français au même titre
que tous autres. Pour sa tâche ingrate, il a besoin
d'un avenir d'ordre public, comme tous les ci-

toyens au labeur. A ce titre, les intérêts des ouvriers et des paysans sont les mêmes. Ce serait folie de les opposer. Encore faut-il que cela soit compris des deux parts pour l'indispensable maintien du bon accord.

SUS AUX BOLCHEVISTES

Au premier rang de ceux qui ne veulent pas d'accord figurent les bolchevistes à visage découvert qui ne cachent point leur intention d'installer, sur les ruines du régime républicain, la sanglante dictature de l'anarchie.

Ceux-là, vraiment, nous n'avons rien à leur dire. Entre eux et nous c'est une question de force, puisqu'en réclamant la liberté pour eux-mêmes, ils prétendent nous imposer une dictature d'absolutisme par un système d'exécrables attentats où s'exalte le délire de férocité qui distingue si remarquablement les serfs mal émancipés de Russie. A nous de montrer que leur agression ne nous trouvera pas sans défense. L'union des bons Français suffira pour opposer un infranchissable rempart à la sauvagerie.

A côté des inspirateurs avoués d'un régime de sang comme il ne s'en vit jamais, le parti socialiste unifié, par crainte de rompre avec les professeurs de surenchère, pousse l'aberration de défaillance jusqu'à se solidariser avec la politique du crime, en proposant pour tête de liste, à Paris, un officier inculpé de provocation de militaires à la désobéissance et de désertion à l'étranger. Contre l'ennemi, quel qu'il soit, la France saura faire son devoir.

Pourquoi dois-je ajouter que, le parti socialiste unifié ayant décidé de refuser les crédits militaires, comme il faisait avant la guerre, sous prétexte qu'aucune agression n'était à redouter de l'Allemagne, ceux qui, après l'expérience de 1914, refuseront à la France les moyens de se défendre, ne pourront plus soutenir qu'ils ont été trompés.

Nous ne sommes pas des militaristes, et nous ne voulons pas reprendre, à notre compte, l'entreprise de domination qui vient de succomber. Nous favorisons, de tout notre pouvoir, le désarmement général, comme nous en avons pris l'engagement dans le pacte de la Société des Nations. Mais nous n'entendons pas nous exposer au retour offensif de la bête, et si nous acceptons de réduire nos effectifs militaires dans une importante proportion, la situation de l'Europe nous invite à ne pas supprimer deux classes d'un seul coup. Les Poilus, qui vont entrer, heureusement en assez grand nombre, à la Chambre, ont vu de trop près le danger pour ne pas faire entendre à cet égard tous avertissements de prévoyance.

FINANCES ET TRAVAUX

Avant tout, nous avons à équilibrer nos budgets. Il faudra pour cela demander à l'impôt tout le nécessaire, sous des formes qui tiennent compte des inégalités sociales, mais en assurant d'abord la stricte application des lois déjà votées et la rentrée des impôts existants, dont plusieurs sont trop loin du plein rendement. C'est la condition première de la consolidation de nos finances. Cependant, la circulation fiduciaire sera progressivement réduite par des emprunts intérieurs.

On a beaucoup exagéré le montant des sommes réclamées pour l'équilibre budgétaire. Les impôts actuels représentent déjà plus de dix milliards de ressources annuelles, non compris celles à provenir de l'Alsace-Lorraine et de nos régions du Nord-Est, qui, d'ici à cinq années environ, auront recouvré leur puissance de production. Assez de placements à l'étranger, à l'épargne française de mettre la terre de France en valeur.

Pour la remise en état de nos régions dévastées, comme pour l'exécution des grands travaux qui doivent nous mettre en possession de l'outillage nécessaire, nous ne pouvons nous dispenser de budgets spéciaux, complètement distincts du budget ordinaire.

Rien de plus urgent que de mettre fin à la crise des transports. Il y faut une claire compréhension du mal pour appliquer le remède avec résolution. Nous comptons sur le bon vouloir d'un personnel excellent, et sur l'accommodation des compagnies à des nécessités inéluctables, dont la première est une concentration de l'autorité générale dans l'incoordination des réseaux dispersés.

La réfection et le développement des voies ferrées, des gares, de leurs raccordements avec les canaux et avec les ports sont au tout premier rang de nos besoins. De même pour l'établissement d'un nouveau mode d'exploitation des chemins de fer.

A étudier de suite, en collaboration avec les grandes organisations patronales et ouvrières :

— le développement des canaux;

— la navigation du Rhône et du Haut-Rhin;

— les voies navigables du Sud-Ouest et du Centre;

— le développement des ports et l'augmentation de leur outillage;

— le doublement de la Marine marchande;

— la création de grands réseaux de distribution de forces motrices, couvrant toute la France et alimentées par les forces hydrauliques, dont s'impose l'aménagement immédiat.

Pour la réalisation des grands travaux, pour la mise sur pied de l'outillage national, il faudra sans doute recourir à des organismes auxiliaires, sociétés ou offices exploitant industriellement en régie intéressée, ou par toute autre formule de collaboration.

Le Gouvernement est entré résolument dans cette voie. Il a présenté à la Chambre un projet financier complet pour réaliser à la fois la navigation du Rhône, la mise en valeur de ses forces hydrauliques et l'irrigation de ses plaines. Pour la première fois on y prévoit, dans une même société, la collaboration, comme actionnaires, de l'Etat, des collectivités intéressées (villes, Chambres de commerce, etc.), avec des avantages spéciaux aux ouvriers de l'entreprise. La Chambre a tenu, avant de se séparer, à voter ce projet. C'est dans ce sens que devra notamment être résolue le plus tôt possible, la navigation du

Rhin, la réalisation de ses forces hydrauliques et l'amélioration de la liaison de cette grande vallée avec celles du Rhône et de la Seine.

L'INTENSIFICATION AGRICOLE

Pour l'intensification immédiate de la production agricole, l'engrais sous toutes ses formes, (azote, phosphate et potasse), en abondance et à bon marché.

L'exploitation des mines de potasse d'Alsace (devenues propriété d'État) par la collaboration des groupes alsaciens et des Syndicats agricoles français, assurant à la fois une exploitation industrielle et la vente de l'engrais potassique au prix de revient sur le marché intérieur.

Développement de nos productions d'azote atmosphérique et création d'usines suivant le procédé le plus perfectionné, nous assurant l'ammoniaque et les nitrates à des prix au-dessous de ceux des nitrates naturels, ce qui préviendra dans ce département toute sortie d'or.

Enfin, propagande et aide donnée par tous les moyens (enseignement agricole, comités locaux de rendement agricole, etc.) pour arriver à introduire dans notre agriculture tous les procédés modernes devant nous permettre, d'ici à quatre ou cinq années, non seulement de ne plus importer ce qui est nécessaire à notre alimentation, mais de devenir exportateurs.

DANS L'ORDRE SOCIAL

Dans l'ordre social, nécessité de mettre fin aux néfastes conflits du capital et du travail. Admettre à cet égard que, si le capital doit être assuré d'une rémunération en rapport avec les risques, les travailleurs ont le droit de voir réserver une participation plus grande aux profits de ces entreprises. L'intérêt de la production veut que non seulement le travail puisse faire entendre ses avis, mais qu'il se sente réellement partie prenante au succès de l'entreprise par l'attribution d'une part de propriété.

Développer le mouvement coopératif. Doter les syndicats de la capacité civile, pour leur indépendance et pour leur responsabilité.

À chacun un logement salubre, sans plus attendre l'effet des timides lois votées jusqu'à ce jour. Créer un système nouveau pour un effet plus rapide.

Lutte énergique contre la tuberculose et l'alcoolisme. Laisser à notre vin de France sa place de boisson vivifiante, mais poursuivre le poison qui tue. Pour cela, assurer l'écoulement total de l'alcool dans l'industrie.

Rien n'aidera mieux au sauvetage et au développement des familles nombreuses. Mais le législateur ne devra pas s'arrêter là. Il lui faudra, sous d'autres formes encore, venir au secours de la natalité fléchissante. La gratuité absolue de l'enseignement industriel ou agricole, au delà de deux enfants, d'autres mesures d'aide ont encore été envisagées. Il faudra les faire aboutir si nous voulons vraiment que la France retrouve la quantité et la qualité d'énergie appropriée aux conditions de la vie qui s'offre au nouvel essor de son génie.

Messieurs, j'ai retenu votre attention trop longtemps. Si j'ai parlé clair, vous avez pu voir que dans tous les problèmes de la vie nationale, tels que nous les impose notre Grande Victoire, j'en arrive toujours à conclure à la multiplication comme à l'accroissement de toutes les puissances de l'homme Français.

Tout le problème est là, dans sa simplicité de conception, dans sa complexité de réalisation. Ce n'est rien de dire qu'on veut la France grande. Le résultat dépend de nous. A l'œuvre! Disons moins et travaillons plus, au lieu de vivre dans la crainte le nous surmener. Que notre émulation soit d'une puissante reprise de l'historique vitalité d'une race, qui a trop fait pour accepter de moins faire, quand s'ouvre à ses efforts le plus beau champ d'activité.

Une civilisation trop raffinée peut détendre des ressorts. L'Allemand nous a rendu le service de nous rappeler au devoir envers nous-mêmes. L'Alsace et la Lorraine nous apportent d'assez belles ressources de volonté. Que notre ambition soit de les accroître encore. Tous les Français pour la grandeur et la beauté de la France! Tous unis pour le bien de l'Humanité!

22.866-11-19. — Imp. Lang, Blanchong et Cⁱᵉ. — Paris.